MÉMOIRE

ET CONSULTATION,

SUR

LES PRIVILEGES

ET

LES IMMUNITÉS

DU CORPS MILITAIRE SUISSE

EN FRANCE.

1 7 8 6.

MÉMOIRE

A CONSULTER

ET CONSULTATION,

POUR Meſſire CHRÉTIEN, Baron de Waldner, de Freundſtein &.de Sierentz, Meſtre-de-Camp d'Infanterie, Chevalier de l'Ordre du Mérite Militaire en France, Citoyen & Membre de pluſieurs Villes & Républiques Suiſſes, Grand Vaſſal de l'Evêché de Bâſle.

CONTRE Dame MARIE - FRANÇOISE - HÉLENE MUNCK, veuve de Meſſire CHRÉTIEN - FRÉDÉRIC DAGOBERT, Comte de Waldner, de Freundſtein, Grand'Croix de l'Ordre du Mérite Militaire, Lieutenant-Général des Armées du Roi, Colonel d'un Régiment Suiſſe de ſon nom, au ſervice de Sa Majeſté.

SUR les priviléges des Suiſſes en France.

LORSQUE l'on conteſte à un particulier les droits qui lui appartiennent, comme membre de la nation à laquelle

A

ils font reconnus, c'eft aux droits même de fa nation, que l'on porte atteinte ; & il eft de fon devoir de donner à fa réclamation tout l'éclat dont elle eft fufceptible, afin qu'en éveillant l'attention de fes concitoyens fur un objet qui les intéreffe ; il les avertiffe par-là de fe mettre en garde contre le danger qui les menace. Sa caufe alors devient toute nationale ; & il a le bonheur de trouver une prompte récompenfe du zele qu'il met à éclairer fa patrie : fes penfées pour le bien public fe réfléchiffent fur lui-même ; un intérêt général fe fait entendre à côté du fien ; & une réclamation univerfelle, prête à s'élever, s'il fuccombe, fortifie fes prétentions & appuie fon courage.

Le baron de Waldner, qui défend pour lui-même l'un des plus beaux droits du Corps Helvétique en France, fera donc fecondé de toutes parts, s'il en a befoin. Heureufement que les titres, dans lefquels il puifera fa défenfe, font auffi clairs que multipliés, & qu'il lui fuffira de les expofer à la fageffe du Roi & de fon Confeil pour affurer le fuccès qu'il attend.

Les Suiffes, qui font alliés de la France depuis plus de 300 ans, ont mérité & confervé les privileges, les immunités qui appartiennent à des Troupes auxilliaires. Le libre exercice de leur religion, l'exemption de toute efpece de charges, le droit de n'être foumis qu'à leurs loix & à leurs tribunaux ; voilà les principales prérogatives dont jouiffent les Militaires de cette nation qui viennent fervir en France.

C'eft de ce dernier avantage que l'on voudroit aujourd'hui priver le baron de Waldner. Cependant rien n'eft plus connu que la jurifdiction des Suiffes dans ce Royaume, & la maniere dont elle s'exerce. Deux tribunaux la compoſent ; le tribunal du *grand juge* qui connoît de toutes les affaires en premiere inſtance , & le *tribunal ſupérieur des Gardes-Suiſſes* , auquel reſſortiſſent tous les appels du premier juge.

D'où viennent donc les difficultés qu'éprouve le baron de Waldner? on ne le comprendra pas, même après avoir entendu le détail des faits. Ce qu'il y a de vrai, c'eſt qu'on l'attaque & qu'il eſt obligé de ſe défendre.

Voici les faits & la procédure qui donnent lieu à la queſtion ſur laquelle il invoque le ſecours des Juriſconſultes.

Le comte de Waldner de Freundſtein réſidoit à Paris, comme l'un des chefs de la nation Helvétique, & mourut dans cette ville le 10 mars 1783.

Il laiſſoit une veuve qui, en cette qualité & comme exécutrice teſtamentaire de ſon mari, avoit des droits à faire valoir ſur la ſucceſſion.

D'un autre côté, le baron de Waldner, tant en ſa qualité d'appellé à la ſubſtitution portée au teſtament du défunt, que comme chargé des pouvoirs de la comteſſe de Sanderſlben Colligny, dame de Baldenheim, ſon épouſe, & héritiere naturelle du comte de Waldner, avoit également des droits à exercer.

En conſéquence de ces droits reſpectifs, le jour même de la mort, la comteſſe & le baron de Waldner comparurent l'un & l'autre devant le juge Suiſſe à Paris, pour le requérir d'appoſer les ſcellés dans les deux maiſons que poſſédoit le comte de Waldner à la ville & à la campagne.

Le même jour, un commiſſaire du Châtelet s'é o t

présenté, pour procéder auffi à l'appofition des fcellés ; mais ayant trouvé, dans la maifon du comte de Waldner, les officiers de la juftice Suiffe, il reconnut fon incompétence, & fe retira, après avoir feulement dreffé un acte de defcente fur les lieux.

Le juge Suiffe fit donc tous les actes relatifs à l'appofition des fcellés ; il les leva, lorfqu'il en fut temps ; il procéda fucceffivement à l'inventaire, à la vente du mobilier, à l'adjudication des baux, à la recette des deniers, en un mot, à toutes les opérations qui devoient conduire à la parfaite liquidation de la fucceffion. Et il faut remarquer qu'à chacun de ces actes, la comteffe de Waldner ou affiftoit en perfonne avec fes confeils, ou étoit repréfentée par Me de Milly, procureur au Châtelet, fon fondé de procuration fpéciale : elle avoit donc reconnu la jurifdiction Suiffe de la maniere la plus folemnelle.

Néanmoins, après tous les actes multipliés par lefquels elle s'étoit foumife à cette jurifdiction, elle s'eft déterminée tout-à-coup à la décliner : & cela, parce qu'on n'avoit pas accueilli une de fes prétentions, parce que ni le grand Juge, ni le Tribunal fupérieur des Gardes-Suiffes, pardevant qui elle avoit interjetté appel, n'avoient cru devoir lui accorder une fomme de 6,000 liv., qu'elle demandoit par provifion, pour fes frais de deuil.

Elle s'eft alors adreffée au Châtelet de Paris, où elle a obtenu, le 4 Novembre 1783, une fentence qui ordonne que les parties viendront plaider pardevant lui, & qui autorife en même-temps la comteffe de Waldner, à compter avec le grand juge de la nation Suisse & avec les autres débiteurs, *pour faire remettre les deniers*, est-il dit, *à M. Margantin, notaire, entre les mains de qui ils resteront pour la conservation des droits de qui il appartiendra, &c. &c.*

De toute maniere, il étoit de l'intérêt du baron de Waldner de ne point exécuter cette sentence : aussi y forma-t-il opposition ; & il conclut à ce que la cause & les parties fussent renvoyées pardevant les juges de la nation Suisse.

Dans le même tems, le Conseil souverain d'Alsace, dans le ressort duquel se trouvoit située la plus grande partie des immeubles de la succession du comte de Waldner, qui est éparsse en Suisse, en Allemagne & en France, évoqua la contestation par arrêt du 15 Décembre 1783, & fit défense à la comtesse de Waldner *de faire aucunes poursuites ailleurs que pardevant les juges naturels, &c.*

Comme son plan, à elle, étoit de procéder au Châtelet, elle se pourvut au Parlement de Paris, & y obtint, le 16 juin 1784, un arrêt qui ordonna que *les parties procéderoient au Châtelet, suivant les derniers erremens, & qui leur défendit de faire poursuites & procédures ailleurs.*

Voilà donc un conflit de jurisdiction entre deux tribunaux supérieurs François. Pour le décider, la comtesse de Waldner obtint des lettres en réglement de juges, le 23 juin 1784 ; & par arrêt du Conseil, en date du 28 Octobre 1785, il a été ordonné que les parties plaideroient au Châtelet.

Ici, il faut observer que, dans l'intervalle des lettres en réglement de juges à l'arrêt du Conseil, c'est-à-dire, le 10 février 1785, la comtesse & le baron de Waldner passerent un acte pardevant le grand juge du régiment des Gardes-Suisses, en vertu duquel ils s'engagerent à terminer toute discussion judiciaire, & arrêterent en conséquence plusieurs conventions parmi lesquelles se trouve le désistement de la demande relative au deuil, *voulant,* est-il dit, *ladite dame comtesse de Waldner donner à la famille dudit seigneur son mari des marques du tendre & respectueux attachement qu'elle a pour sa mémoire & pour son nom, elle consent de ne pas répéter les 6,000 liv. demandées pour son deuil, & de renoncer, &c.*

Ainsi, lorsque la comtesse de Waldner, après avoir commencé par décliner la jurisdiction Suisse, étoit revenue, pardevant elle, renoncer à la demande des 6,000 livres qu'elle avoit formée pour son deuil ; lorsque, par-là, elle avoit expressément reconnu la compétence de cette jurisdiction, elle poursuivit au Conseil l'effet de son déclinatoire, afin de pouvoir répéter cette même somme de 6,000 liv., à laquelle on vient de voir qu'elle avoit formellement renoncé : en sorte que, dans le même tems, elle tenoit une conduite absolument contradictoire.

Quoi qu'il en soit, il existe un arrêt du Conseil qui renvoie les parties au Châtelet. Sur cet arrêt, la comtesse de Waldner a présenté à ce dernier tribunal une requête tendante à ce que le baron de Waldner fût déclaré non-recevable dans son opposition à la sentence du 4 Novembre 1783, ou, en tout cas, débouté ; &, le 23 Décembre 1785, elle a obtenu contre lui un jugement par défaut.

Tel est l'état actuel de la procédure.

On voit que la comtesse de Waldner, pour mieux surprendre la religion du Roi, a trompé son adversaire, & l'a mis hors d'état de présenter sa défense. Mais l'arrêt existe, & tant qu'il ne sera pas détruit, il sera susceptible de recevoir son exécution. Comment peut-on la prévenir ? Le baron de Waldner voudroit concilier à la fois ce qu'il doit à l'autorité du Roi, qu'il est venu servir du gré de sa République, avec ce qu'il se doit à lui-même & à sa nation ; il voudroit concilier son extrême respect pour l'un avec son entier dévouement aux intérêts de l'autre ; il prie ses conseils de lui en indiquer les moyens.

CONSULTATION.

Les conseils soussignés, qui ont lu tous les actes rapportés dans le mémoire à consulter ci-dessus ;

Estiment que la voie de l'opposition est ouverte au baron de Waldner contre l'arrêt du Conseil qui renvoie les parties au Châtelet, & qu'il a des moyens plus que suffisans pour faire réussir son opposition.

C'est un principe universellement reconnu, qu'on peut se faire recevoir opposant à un arrêt, soit qu'il ait été rendu par défaut contre quelqu'un qui y étoit partie, soit qu'il ait été rendu contre quelqu'un qui n'y étoit ni partie, ni duement appellé.

Dans le premier cas, l'article 3 du titre 35 de l'ordonnance de 1667 accorde huit jours, à compter de

celui où l'arrêt a été signifié, pour former son opposition. Mais la faveur que mérite tout homme qui a des
droits à faire valoir, la considération des surprises par
lesquelles on peut enchaîner sa vigilance, la crainte de
le punir trop rigoureusement d'une négligence ou d'un
oubli par la perte du droit le plus précieux, ont fait
établir que, pendant 30 ans, on pourroit faire recevoir son opposition à un arrêt par défaut.

Dans le second cas, au contraire, c'est - à - dire,
lorsqu'on n'a été ni partie ni duement appellé,
(c'est la position où se trouve le baron de Waldner)
la loi ne circonscrit aucun espace de temps ; &, en vertu
de l'article 2 du titre 35 de l'ordonnance que nous
venons de citer, on peut, quand on le veut, former ces
sortes d'oppositions.

Le droit du baron de Waldner est donc clairement
établi ; il a la faculté de se rendre opposant à l'arrêt du
Conseil qui lui enjoint de reconnoître la jurisdiction du
Châtelet.

Mais le sort de cet arrêt dépend des moyens par lesquels on l'attaquera. Si ces moyens sont insuffisans, l'arrêt
subsistera : s'ils sont justes, il doit être anéanti ; & un
autre, plus conforme à la demande de l'opposant, prendra sa place.

Or, le baron de Waldner a deux moyens également
puissans à proposer contre cet arrêt ; ils consistent en ce
que la comtesse de Waldner étoit en même-temps non-
recevable & mal fondée à décliner la jurisdiction Suisse.

§. I.

§. Ier.

La comtesse de Waldner étoit non-recevable à décliner la jurisdiction Suisse.

Lorsque, par une multitude d'actes, on a reconnu formellement une jurisdiction, il n'est plus tems de la décliner ensuite ; c'est tenir une conduite opposée à celle qu'on a tenue d'abord ; c'est revenir contre son propre fait ; & on n'en a pas le droit.

Ainsi la comtesse de Waldner, qui s'est présentée elle-même devant le grand juge Suisse, pour demander que les scellés fussent apposés dans les maisons de son mari, qui s'est fait représenter par un fondé de procuration spéciale pour toutes les opérations relatives à la liquidation de la succession, qui a fait lever, par le grand juge Suisse, une saisie faite sur elle-même par ordonnance de M. le Lieutenant civil *, qui enfin, tient à bail judi- ciaire, de la jurisdiction Suisse, la maison qu'elle occupe aujourd'hui *, la comtesse de Waldner n'est point receva- ble à contester au grand juge Suisse le droit de la juger. Voilà un si grand nombre d'actes par lesquels elle s'est soumise de plein gré à la jurisdiction Suisse ; & elle s'est tant de fois & si formellement déclarée sa justiciable, qu'elle n'est plus recevable à vouloir s'y soustraire au- jourd'hui.

Elle y est encore moins recevable, lorsqu'après l'avoir déclinée par la requête qu'elle présenta au Châtelet, le 4 novembre 1783, elle est revenue pardevant elle, le 10 février 1785, pour passer cette transaction dont il est parlé dans le Mémoire à consulter. C'est la conscience

* 14 & 15 mai 1783.

* 27 juil. 1783.

qu'elle avoit de la compétence de cette jurifdiction, qui l'a ramenée pardevant elle.

Or, on ne peut plus foutenir l'incompétence d'un juge, lorfqu'on a reconnu de la maniere la plus folemnelle, le droit qu'il a de nous juger (1).

Mais il eft inutile d'infifter plus long-tems, pour établir une fin de non-recevoir que le détail feul des faits rend évidente.

Nous n'en avons pas befoin d'ailleurs, pour repouffer les prétentions de la comteffe de Waldner ; & nous n'en avons parlé qu'afin de réunir fa propre autorité à toutes celles qui accordent aux troupes Suiffes le droit d'exercer la juftice fur elles-mêmes.

§. I I.

La comteffe de Waldner étoit mal-fondée à décliner la jurifdiction Suiffe.

L'objet de la queftion, fur laquelle on nous confulte, eft de favoir fi un Suiffe, *fervant en France*, eft foumis aux Tribunaux François. La décifion de cette queftion

---

(1) Madame la comteffe de Waldner eft entrée en partage pour la vaiffelle, elle a donc déjà commencé la liquidation à la jurifdiction qu'elle décline aujourd'hui. Elle partage de plus avec le baron de Waldner, au département militaire des Suiffes, 2400 liv. d'indemnité annuelle, que le Roi paie pour la compagnie de famille que feu M. le comte de Waldner avoit. Elle jouit de plus depuis la mort de fon mari de 8,000 liv. de penfion, comme veuve d'un Lieutenant-Général de la Nation Suiffe. Elle eft elle-même d'extraction Suiffe. Elle étoit déjà en premieres noces la veuve d'un Suiffe : elle en a fait valoir les prérogatives. Elle a placé le fils qu'elle a eu du premier lit dans un régiment Suiffe en France, comme officier ; il y eft mort : elle a recueilli fa fucceffion par autorité de la jurifdiction Suiffe en France. Comment veut-elle aujourd'hui méconnoître cette jurifdiction & les loix de la Nation ?

tient à des principes du droit des gens qu'il est nécessaire de développer ici.

Sans doute que si les Suisses venoient en France comme des étrangers que des affaires personnelles y appellent, ou qui y sont attirés par tout autre motif d'intérêt ou de plaisir, ils deviendroient justiciables de nos Tribunaux. Quelque soit l'étendue de la protection que nous aimons à accorder aux étrangers, nul motif ne les dispense de la soumission aux loix. Cette soumission de leur part est même une condition de la faveur dont ils jouissent. L'ordre public seroit bientôt renversé, si, parmi la foule des individus de toutes les Nations qui habitent cette Capitale, par exemple, chacun d'eux prétendoit avoir la faculté de réclamer les loix de son pays pour tous les délits qu'il pourroit commettre, ou les contestations civiles auxquelles ils donneroient lieu.

Mais les regles que nous venons de poser ne peuvent pas s'appliquer à cette portion des Suisses qui vient en France, pour nous servir, pour nous défendre, pour garder la personne de nos Rois. Car il y a une distinction essentielle à faire entre les Suisses qui vivent en France, comme défenseurs du Royaume, & cette autre portion du même peuple, qu'un objet différent y appelle. Ceux-ci y jouissent bien de quelques priviléges, à l'exemple des Hollandois, des Suédois, & de quelques autres Peuples qui sont nos alliés; le Roi, par exemple, a aboli en leur faveur le droit d'aubaine, & les traités établissent la successibilité réciproque entre les sujets des deux Nations. Mais d'autres priviléges, des priviléges plus grands, plus précieux, & en plus grand nombre, doivent appartenir à des hommes, qui, ne vivant parmi nous que pour nous défendre, font en quelque forte nos commenfaux, & à qui le Souverain doit prefque le même attachement qu'à fes propres fujets.

Quels font donc les égards que nous devons aux *Trou-pes Suiffes* qui habitent la France : quels font les droits qu'elles peuvent réclamer? Voilà ce qui va être l'objet de nos recherches. Ainfi, qu'on ne le perde pas de vue, ce ne font pas les droits des Suiffes en général, mais les droits des *militaires Suiffes* que nous allons examiner.

Sans avoir befoin de confulter les traités qui font le dépôt des conventions intervenues entre les peuples qui s'uniffent, nous n'avons qu'à réfléchir fur la nature & l'objet des alliances, & bientôt nous aurons découvert quels font les priviléges qu'on doit accorder à de tels alliés.

Une alliance eft une correfpondance intime entre un peuple & un autre, correfpondance que des vues d'uti-lité réciproque ont fait naître, & que les mêmes caufes entretiennent & perpétuent. Des alliés font des hommes qui s'engagent à nous aimer, à nous fecourir, à nous protéger, & à qui nous promettons de même protection, fecours & amitié. Il y a toujours un échange de fervices entre deux Nations alliées ; & on ne pourroit pas con-cevoir une alliance dans laquelle l'une des parties con-tractantes donneroit tout, pour ne rien recevoir. C'eft en cela que les Nations ne reffemblent pas aux individus : ceux-ci ne s'attachent fouvent que pour avoir le plaifir d'exercer la bienfaifance ; mais les Nations, occupées fans ceffe de grands intérêts, ne s'uniront pas à un peuple de qui elles n'attendent rien ; il leur faut ou des services actuels, ou du moins des espérances.

Ainsi, de deux Peuples qui s'unissent, chacun ayant intérêt de contracter l'alliance, nul ne fait la loi à l'autre ; &, de la réciprocité des secours, naît une sorte d'égalité entr'eux. Qu'un Peuple aille donc chez son allié pour exécuter le traité qui les unit, il n'y sera regardé ni comme *étranger*, puisqu'il est *allié*, ni comme *sujet*, puisque la puissance qui l'envoie étant l'*égale* de celle qu'il va secourir, celle-ci n'a pas le droit de le soumettre en rien à sa domination ; mais ce sera un autre Peuple différent d'usages, de mœurs, de religion, vivant au milieu de celui à qui il va porter ses secours. Et en effet, comme il reste toujours soumis à son Souverain, comme c'est de lui seul qu'il dépend, comme, d'un moment à l'autre, il peut être rappellé par lui, comment seroit il possible qu'il perdît un seul des droits dont il a toujours joui ? Comment pourroit-il être assujetti à la volonté & aux loix d'un autre Souverain, chez qui il ne va que pour le servir, & qu'il quittera aussitôt après avoir rempli sa mission ?

Un Peuple, qui va secourir son allié, sera donc, chez celui-ci, comme s'il étoit encore dans ses propres foyers. Il ne perdra point le domicile qu'il avoit dans sa patrie, parce qu'il n'a pas l'intention de l'établir ailleurs, parce qu'il ne l'auroit pas quittée, s'il n'y eût pas été forcé (1), parce qu'enfin il ne perd pas l'esprit de retour. Il conservera ses usages, sa religion, ses loix, sa justice ; parce que ce sont là autant de propriétés nationales, & qu'apparte-

---

(1) *Undè non fit discessurus, si nihil avocet.* (L. 7 , cod. de Incolis).

nant toujours à la Nation dans le sein de laquelle il les a reçues, on n'a pas le droit de les lui enlever.

S'il en étoit autrement, quel est le peuple qui voulût contracter des alliances? On connoît l'attachement de toutes les Nations pour leur culte, leurs loix & les différentes formes de leur gouvernement: consentiroient-elles à sacrifier tout ce qu'elles ont de plus cher à l'avantage d'avoir un allié? Cet allié, elles ne s'uniffent à lui, qu'afin de multiplier les forces qui les aident à conserver leur pays; mais si elles ne pouvoient chercher à le conserver qu'en perdant ce qui les y attache, on les verroit bientôt, se renfermant dans leurs murs, travailler sans relâche à augmenter leur puiffance au dedans, afin de pouvoir se passer de celle du dehors.

Une autre confidération se préfente à notre efprit. Il n'y a point de Nation qui n'ait plufieurs alliés. Les individus que l'on aura envoyés porter des fecours à l'un, pourront donc être rappellés pour en porter à un autre, & enfuite à un troifieme. Or, s'il étoit vrai que chaque peuple dût s'affujetter aux formes de celui qu'il ne peut fecourir qu'en allant vivre chez lui, il feroit donc forcé de changer de loix & d'ufages auffi fouvent qu'il changeroit de pays? Cela répugne à toutes les idées de la raifon & de la politique.

Répétons donc qu'un peuple refte avec toutes fes formes nationales au milieu du peuple allié chez qui il est obligé de demeurer, pour le mieux défendre.

Nous trouvons heureufement, parmi nous, des exemples de cette vérité.

Lorfque la France, voulant foutenir les droits de Phi-

lippe V à la couronne d'Espagne, envoya des troupes
auxiliaires dans les états sujets à une domination étrangere,
ces troupes, qui traverserent, d'un côté les Pyrénées pour
aller défendre les intérêts de Philippe, & de l'autre les
frontieres du Rhin, pour seconder l'Electeur de Baviere,
n'ont jamais cru avoir renoncé aux droits de leur domicile
originaire; & quelque long séjour qu'elles aient fait dans
les états de ces Princes alliés, aucun tribunal de l'Espagne
ou de l'Electorat ne s'est arrogé le droit de statuer juridi-
quement sur les demandes civiles ou criminelles formées
entre des militaires françois. Mais les chefs, qui comman-
doient pour le Roi, exerçoient la justice en qualité de dépositaires de l'autorité souveraine; & c'étoit un privilége qu'on
ne pouvoit leur contester, parce que les Troupes Françoises,
quoique hors du Royaume, y conservant toujours leur domicile, ne peuvoient être soumises qu'à des Juges nationaux.

Récemment encore, dans cette fameuse guerre que
la France a terminée si glorieusement en donnant la paix
aux deux Mondes, les Troupes auxiliaires, que nous
avions envoyées au-delà des Mers, avoient-elles d'autres
juges que ceux de leur Nation ?

En un mot, dans toutes les expéditions que nos troupes
ont faites hors du Royaume en qualité d'alliées, jamais
elles n'ont été soumises à une jurisdiction étrangere; elles
avoient toujours leurs propres juges qui, marchant avec
elles, régloient tout ce qui étoit relatif à la police, punis-
soient les délits, & prononçoient sur les contestations
civiles (1).

____

(1) Le chef de la justice qui s'exerce dans les armées, est le prévôt général de

Ne cherchons donc pas à priver nos alliés d'un droit qu'on ne nous a jamais contefté, & que nous ne souffririons pas qu'on voulût nous enlever. La réciprocité eft la

---

la connétablie. Nous trouvons, dans un édit de confirmation des états & offices de grand prévôt & de procureur-général de la connétablie de France, vérifié au parlement le 19 avril 1600, & rapporté par M. de Beaufort, dans fon recueil concernant le tribunal de MM. les Maréchaux de France, tom. II, pag. 255 & *fuiv. que le Prévôt général eft établi avec trois lieutenans, un procureur pour nous, un greffier & 52 archers, lefquels exérceront leurs charges fous notre autorité. .... & étant ledit Prévôt général en nos camps & armées, aura connoiffance & jugement de tous cas & matiere, tant civile que criminelle.*

Dans le même ouvrage, on lit que *le commandement des armées a toujours emporté jurifdiction fur les troupes foumifes à l'autorité du commandant, & que cette jurifdiction même dut être illimitée dans les premiers tems de la Monarchie Françoife, dont le gouvernement a été fucceffivement militaire, féodal, & enfin tel que nous le voyons aujourd'hui La jurifdiction du Connétable, ajoute-t-on, étoit ambulante & fuivoit le Roi. (V. Tom. II, pag. 181 & 182).*

Ailleurs : *lorfque le Prévôt général ou grand Prévôt de la Connétablie accompagnoit le Connétable à l'armée, il avoit, à fa fuite, des officiers pour rendre avec lui la juftice. La même chofe fe pratique encore de nos jours ; & les fonctions qu'il exerce ont, pour principe & pour bafe, les mêmes formalités & les mêmes loix obfervées dans tous les Tribunaux. Cet officier connoît de tous les crimes & délits militaires. Son fiege prévôtal eft à l'armée, (p. 198 & 199). .... Il eft chargé de l'inftruction & jugement de toutes les procédures civiles & criminelles. (p. 201).*

* * * * * * * * * *

Le miniftere du Procureur général à l'armée eft le même que celui des Procureurs du Roi dans les autres Tribunaux.

On peut dire la même chofe du Greffier, à l'exception cependant qu'à l'armée, il exerce la fonction de Notaire. C'eft lui qui reçoit les teftamens, fait les inventaires & délivre tous les actes quelconques. (p. 202 & 203).

La conféquence à tirer de tous ces faits que nous venons de recueillir, fe préfente facilement. Si, en tems de guerre, les troupes ont des juges particuliers qui les fuivent à l'armée, ce font les mêmes juges qui les accompagnent, lorfqu'elles vont en pays étranger en qualité d'*auxiliaires* ; & alors ce font eux qui doivent y rendre la juftice, parce que ces troupes alliées ne devenant pas fujettes du Souverain qu'elles vont fecourir ; mais vivant toujours fous les loix de celui à qui elles appartiennent, il eft impoffible que leur conftitution éprouve le moindre changement ; c'eft ce qui les qualifie de **Troupes auxilliaires.**

grande

grande & premiere loi des Nations. D'ailleurs, il fuffit de confulter les premieres notions de ce qui eft jufte, pour favoir qu'un Peuple qui en va fecourir un autre n'y va que fous l'infpection de fon Souverain auquel il refte toujours attaché, dont l'autorité & les loix le fuivent par-tout ; il doit donc conferver tous les privileges, toutes les prérogatives qu'il tient de lui. En venant vivre dans les états de fon allié, pour lui donner des fecours ou plus prompts ou plus efficaces, c'eft un bienfait dont il ne doit pas être puni par la perte de fes droits les plus précieux ?

Voilà des principes d'une vérité fi conftante, qu'ils n'ont pu attendre la perfection des fociétés pour recevoir leur fanction, & qu'ils ont dû naître avec elles.

Mais il femble qu'en les appliquant à la Suiffe, ils acquierent une plus grande force encore. Cette Nation guerriere, à qui le courage tient lieu de richeffes, qui a toujours fait des prodiges de valeur pour fecouer le joug de la tyrannie, qui, pour défendre fes privileges qu'un Empereur avoit refufé de ratifier, leva, contre fes oppreffeurs, l'étendard de la révolte (1), & détruifit, avec treize cens hommes, une armée de vingt mille Autrichiens (2), qui, une autre fois, avec 350 Glarenois renforcés de 30 Habitans de Schwitz, mit en pieces une autre armée de quinze mille hommes (3) ; cette nation, enfin, qui trouve

____

(1) 1308.
(2) 1315.
(3) 1388.

C

chez elle une liberté entiere, l'exemption totale des taxes arbitraires, le bonheur attaché à l'ordre, à la tranquilité, à l'harmonie, souffriroit difficilement des formes, des réglemens, des usages contraires à sa constitution : & elle aimeroit mieux se sacrifier elle-même, que de perdre une portion de sa liberté.

Les Historiens nous apprennent que, dans le tems où la plus grande partie de l'Helvétie appartenoit à l'Empire, les Habitans d'Uri, de Schwitz & de l'Underwald jouissoient de privileges très-importans & en particulier de celui d'être gouvernés par leurs propres Magistrats.

Or, si la Suisse, même lorsqu'elle étoit soumise à un Prince étranger, avoit conservé son indépendance dans un point aussi essentiel ; si alors elle jouissoit du droit d'être gouvernée par des Magistrats qu'elle se choisissoit elle-même & qu'elle prenoit dans son sein ; elle n'a jamais dû souffrir que lorsque ses habitans venoient en France en quali-é d'*alliés*, on les y traita comme sujets ; elle a dû stipuler expressément pour eux le droit d'être gouvernés par leurs propres juges, par des juges de leur Nation : & aujourd'hui que plusieurs siecles d'une liberté absolue n'ont servi qu'à accrître en elle ce vif amour de l'indépendance, elle souffrira moins que jamais les atteintes qu'on y voudroit porter ; elle craindroit être ramenée sous un gouvernement arbitraire.

Faisons d'ailleurs attention aux circonstances dans lesquelles nous avons contracté la premiere alliance avec la Suisse. Quelques démêlés s'étoient élevés entre le Canton de Zurich, d'une part, & ceux de Schwitz &

de Glarus ; de l'autre. Le canton de Zurich refufa d'accepter la médiation de cinq Cantons neutres, par qui il avoit été comdamné, & fournit ainſi le motif d'une guerre civile. Auſſi-tôt, il conclut une alliance avec l'Empereur Frédéric III ; mais les ſept autres Cantons enviſageant un traité, qui uniſſoit un de leurs Membres à la Maiſon d'Autriche, comme une infraction à leur alliance générale, mirent le ſiége devant Zurich, pour forcer ce Canton à y renoncer. Frédéric alors s'adreſſa à Charles VII, Roi de France, pour avoir de lui une augmentation de forces ; & celui-ci mit à l'inſtant ſur pied une armée conſidérable, dont il donna le commandement au Dauphin, qui lui ſuccéda enſuite ſous le nom de Louis XI. Ce Prince eſſuya d'abord quelques revers, & finit par vaincre. Mais les Suiſſes ſe défendirent avec tant d'acharnement, ils donnerent des preuves ſi éclatantes de leur valeur, ils oppoſerent une ſi longue & ſi vigoureuſe réſiſtance à leurs ennemis, que le Dauphin ne put s'empêcher de convenir qu'une ſeconde victoire, ſemblable à celle qu'il venoit de remporter, entraîneroit la ruine totale de ſon armée ; & il avoua généreuſement qu'il n'avoit gagné autre choſe que d'apprendre à connoître & à eſtimer la valeur des Suiſſes.

Le récit de leurs vertus héroïques fit comprendre à Charles VII qu'il valoit mieux anoir de telles gens pour amis, que de leur faire la guerre ; & la premiere alliance que nous ayons contractée avec eux, fut conclue ſous ſon regne, en 1453.

Raſſemblons donc ici les deux conſidérations puiſſantes que nous venons de développer: D'un coté, ce vif amour des Suisses pour l'indépendance ; de l'autre, ce desir ardent que nous avions de contracter une alliance avec eux ; & disons que, si le principe qui veut qu'un peuple conserve ses loix, ses usages, chez celui qu'il va secourir, n'étoit pas généralement vrai, il auroit fallu, en quelque sorte, le créer pour les Suisses. Leur caractere indépendant ne leur eût pas permis de se plier aux formes de notre gouvernement ; & nous-mêmes, desirant de nous unir avec eux, nous nous serions gardés de vouloir les soumettre à des conditions qui, en les révoltant, eussent rompu les liens de cette alliance.

Aussi, les Ecrivains qui parlent des Suisses & de leur service en France, ne manquent jamais de rappeller le droit qu'ils ont d'y exercer la justice sur tous les Militaires de leur Nation.

» Les Régimens Suisses, dit le P. Daniel, (dans son Histoire de la Milice Françoise, tom. 2, liv. 10, chap. 7, pag. 322 & suiv.) » ont chacun leurs Officiers pour » exercer la justice. Leur conseil de guerre est partagé en » deux tribunaux. L'un n'est composé que des subalter- » nes du régiment, & doit toujours juger suivant la ri- » gueur des loix & ordonnances. L'autre, formé par les » capitaines, peut commuer la peine, & est en droit de » faire grace ; il n'y a même que lui qui le puisse ; c'est un » privilége de la nation ; & je sais de très-bonne part » qu'en une occasion, le feu Roi (Louis XIV) ayant été » sollicité pour donner la grace à un soldat suisse, M. » de Surbeck, lors major au régiment des gardes-suisses,

» prenant congé de Sa Majesté, ce Prince lui ordonna
» de dire en propres termes au Conseil, qu'*il le prioit*
» *d'accorder la grace;* ce que les capitaines ne manquerent
» pas de faire «.

Zur-Lauben, dans un ouvrage qui a pour titre :
Code militaire des Suisses, s'exprime plus clairement encore que le P. Daniel ; car il dit, en propres termes,
que les Militaires de cette nation, qui sont à notre service,
exercent *la justice civile* & la justice criminelle. » Les
» troupes Suisses, dit il, jouissent du droit d'exercer en-
» tr'elles la *justice civile ;* & elles doivent ce droit au
» même principe qui les a rendues, au nom des Can-
» tons, les dépositaires de la justice criminelle «.

Si nous voulions consulter d'autres Historiens, nous
verrions que le même fait est attesté par eux. En effet,
en faisant l'histoire d'une nation, en parlant de sa constitution, de ses loix, de ses usages, de tous ses droits,
comment auroient-ils pu en taire un qui s'exécute tous
les jours sous leurs yeux, & qui, depuis plus de trois
siecles, n'a pas encore subi d'interruption ?

D'ailleurs, quoique ce droit n'eût pas besoin d'être
stipulé, parce que ce qui est essentiellement juste &
nécessaire est constamment pratiqué ; ce droit a néanmoins été exprimé dans tous les traités qui sont intervenus entre les deux peuples.

Il est inutile que nous le cherchions dans ceux qui
ont eu lieu avec Charles VII, Louis XI, Charles VIII
& Louis XII. Comme c'est le traité intervenu, le 29
Novembre 1516, entre François Ier. & les Suisses,

qui fait la bafe & le fondement de toutes les alliances furvenues depuis, c'eft à ce traité, que l'on nomme *la paix perpétuelle*, qu'il faut recourir. Or, voici ce que nous lifons à l'article XIII : » Afin que, par faute de » juftice, il ne furvienne différend ou querelle, a été dit » & prononcé au cas que par ci-après entre ledit fieur » Roy & nous, lefdites ligues, nos pays & fubjets, en » particulier ou en général, il furvenoit noifes ou que- » relles pour quelqu'occafion que ce pourroit être, une » chacune de nous defdites deux parties élira deux hom- » mes de bien, amateurs de juftice & craignant Dieu, » pour arbitres, lefquels quatre arbitres fignifieront ung » jour compétent auxdites parties qui auront différend » par enfemble, &c. « (V. l'Hift. Milit. des Suiffes, tom. 4, pag. 499.)

On voit d'abord, par ce qu'on vient de lire, que les Suiffes ne font point foumis à la jurifdiction Françoife, puifqu'il eft ftipulé que, dans le cas de différends, foit entre les deux puiffances, foit entre des particuliers de l'une & l'autre nation, on prendra des arbitres des deux côtés. Si, des deux côtés, l'on prend des arbitres, c'eft qu'aucun n'eft foumis à l'autre, & que chacun exerce une portion de la juftice.

Mais ce qu'on va lire, achevera de prouver qu'il a été ftipulé que les Suiffes auroient une jurifdiction parti- culiere en France.

C'eft toujours l'article XIII ; & le paffage fuivant eft plus bas que celui que nous venons d'extraire. Voici ce qu'il porte : » De toutes autres affaires & actions qui fe

» pourroient émouvoir entre les fujets des deux parties,
» & fingulierement entre nos perfonnes, le demandant
» fera tenu de chercher le répondant au lieu de fa réfi-
» dence, par telle condition que les fupérieurs dudit ré-
» pondant feront tenus, par leurs lieutenans & officiers,
» faire bonne & brieve juftice au demandant fans aucune
» dilation «. (V. l'Hift. Milit. des Suiffes, tom. 4,
pag 502.)

Ces mots, *les fupérieurs dudit répondant feront tenus*
par leurs lieutenans & officiers, fignifient que le *deman-*
dant & le *répondant*, c'eft-à-dire, le Suiffe & le François, ou le François & le Suiffe, ont chacun des *fupé-*
rieurs différents ; que ces *fuperieurs* ont chacun leurs
officiers ou *lieutenans* qui exercent la juftice ; que par
conféquent les Suiffes ne font pas foumis à notre jurifdiction, & qu'ils en ont une particuliere.

D'après le traité de 1516, les Suiffes ont donc le
droit d'exercer la juftice fur les Militaires de leur nation.

En 1549, Henri II renouvelle l'alliance avec eux,
& le droit de leur jurifdiction eft rapporté dans le
traité.

Il l'eft également dans celui que Charles IX paffa
avec eux en 1564, pour renouveller auffi l'alliance.

Enfin, comme les traités fignés depuis par Henri III,
Henri IV, Louis XIII, rappellent tous les précédens &
les confirment, ils rappellent & confirment par conféquent le droit de la jurifdiction Suiffe.

Mais lorfque Louis XIV renouvella l'alliance avec
les Suiffes, par le traité qui fut commencé en 1653, &

dont tous les articles ne furent arrêtés que le 19 juillet 1658 ; il parla expressément de cette jurisdiction dans une *lettre annexe* à ce traité, & qui a été ratifiée par lui. » Sur le VIIIe. article, est-il dit, où il est traité de la » solde destinée à chaque soldat ; Nous, Roy, Louis, » déclarons que ladite solde leur sera payée à l'accoutu- » mée, de même que l'état-major pour le régiment, & » *la justice sera administrée par les juges de la nation & » non par d'autres* «.

Le traité d'ailliance qui, sous le même regne, en 1663, fut une seconde fois renouvellé, confirma tous les priviléges accordés par le précédent. Mais, au mois de Novembre de la même année, les Ambassadeurs des Treize-Cantons & Coalliés Suisses présenterent au Roi un mémoire, dans lequel ils lui exposerent les plaintes de la nation sur les atteintes que l'on portoit à leurs droits, & ils demandoient entr'autres choses que *la justice ne fût administrée que par ceux de la nation Suisse.* Voici la réponse du Roi : *Sa Majesté maintiendra les trou- pes Suisses qui font en son service, dans tous les privilé- ges qui leur ont été accordés.*

Un troisieme traité intervint en 1715, entre Louis XIV & les Suisses ; & l'article II *ratifiant de nouveau tous les traités ci-devant faits, & nommément la paix perpétuelle, les alliances des années 1521 & 1663, & toutes les lettres annexes,* la jurisdiction Suisse, dont il est parlé & dans ces traités & dans les lettres annexes, se trouve aussi ratifiée. D'ailleurs, l'article VII du traité de 1715 reconnoît expressément cette jurisdiction, en

disant,

difant, relativement aux franchifes accordées aux vivan-
diers Suiffes, que, *s'ils en abufoient & qu'ils fuffent con-
vaincus d'avoir été au-delà de ce qui fera prefcrit, ils feront foumis à la confifcation de ces vivres & à la JUSTICE
SUISSE, pour être châtiés duement.*

De tous ces traités que nous venons de parcourir, fi
nous paffons au dernier que nous avons conclu en 1777,
avec les Treize Cantons & tous leurs alliés, on verra
qu'il renferme les mêmes ftipulations que les autres. *Ce
corps de troupes, dit l'article V, jouira du libre exercice
de la religion & de la JUSTICE, comme du paffé.* La même
ftipulation eft encore répétée dans l'article X. *Lefdits régimens, eft-il dit, continueront à jouir du libre exercice
de la religion & de la juftice comme du paffé, ainfi que
de tous les autres priviléges, franchifes, avantages, qui
font affurés aux troupes de la nation Suiffe par les traités
& capitulations.*

Il eft vrai que ce droit d'exercer la juftice n'a de
rapport qu'aux caufes *purement perfonnelles*, & que
celles qui font *réelles* doivent fe *porter pardevant le Juge
territorial.* Mais, rien de plus jufte. D'autres regles doivent gouverner les chofes & les perfonnes ; & il eft tout
fimple qu'un immeuble fitué en France foit fujet aux
loix de ce royaume, dont il fait effentiellement partie,
comme un immeuble fitué dans la Suiffe, fera fujet aux
loix de cette puiffance, de laquelle il ne peut être fé-
paré : un Suiffe, au contraire, qui viendra en France
en qualité d'allié, & un François qui ira en Suiffe au
même titre, ne peuvent être foumis qu'aux loix de leurs

D

Puissances respectives , sous la domination desquelles ils ne cessent pas d'exister.

Mais là cause que soutient aujourd'hui le Baron de Waldner, n'est point du tout une cause réelle. L'article XI du traité de 1777, qui ne s'applique pas aux militaires Suisses, mais aux Suisses en général, l'a nommément rangée dans la classe des causes purement personnelles, & par conséquent du ressort de la justice Suisse. *Dans le cas, dit-il, où un Suisse décéderoit en France, sans avoir disposé des bien-meubles qu'il y possédoit, & où ses plus proches parens seroient tous domiciliés en Suisse, les difficultés qui surviendroient entre lesdits parens, à raison de l'habileté à succéder au défunt, seront portées pardevant le Juge naturel & ordinaire de ses héritiers & parens.* Or, voilà un Suisse qui décede en France, le Comte de Waldner ; ses parens, entre qui il *survient des difficultés*, ne sont que précairement *domiciliés en France*, ils le sont réellement en *Suisse*, où ils ont conservé leurs foyers (1). On ne perd pas son domicile originaire toutes les fois qu'on vient, en qualité d'allié, chez un peuple avec qui on a contracté une alliance : enfin, *les difficultés qui surviennent ici entre le parens* ne sont point, à proprement parler, *à raison de l'habileté à succéder*, mais à *raison de l'habileté à recueillir*, dans la succession, une somme de 6000 l. , & quant à la liquidation de la succession , il sera encore prouvé dans son tems qu'elle doit ête faite par le juge Suisse. Chaque Nation a sa jurisprudence sur le fait des partages entre les héritiers d'une

––––––––––––––––––––––––––––––––––––

(1) La famille de Waldner a toujours possédé des biens , des maisons , une habitation en Suisse.

succeſſion. Le Châtelet de Paris reconnoît des droits de deuilà une veuve, le juge Suiſſe, non.

Les *difficultés* doivent donc ſe porter devant le *Juge naturel & ordinaire* des parties, c'eſt-à-dire, devant le Juge Suiſſe, qui eſt le *Juge naturel & ordinaire* des militaires Suiſſes en France (1).

Après avoir démontré que le droit de la juriſdiction Suiſſe en France eſt écrit dans tous les traités intervenus entre les deux Puiſſances, il paroît inutile de recourir à d'autres autorités. Mais afin de prouver que ces traités ont toujours reçu leur exécution, nous allons jetter un coup-d'œil rapide ſur quelques monumens de l'Hiſtoire & de la Juſtice.

Dans un réglement fait le 15 novembre 1552, pour le régiment Suiſſe du colonel Nicolas Irmi, de Baſle, au ſervice de la France, on lit ce qui ſuit : « S'il s'éleve, ou » s'il arrive, durant cette expédition, quelque différend

---

(1) Il y a une foule de capitulations toutes conformes aux traités. Il ſeroit trop long de les rapporter ici ; nous nous contenterons d'extraire, des deux plus récentes que nous connoiſſions, les articles relatifs à la juſtice des Suiſſes.

« La *juſtice*, dit l'article XXII de la capitulation du Régiment Suiſſe de » Karrer, arrêté le 15 décembre 1719, *s'exercera, dans ledit bataillon, ſur le* » *même pied qu'elle eſt adminiſtrée dans les Troupes Suiſſes qui ſont à la ſolde de* » *Sa Majeſté.* »

L'article XII de la capitulation du Régiment Suiſſe de Lochmann, arrêtée à Zurich, le 17 février 1752, s'exprime encore en termes plus énergiques : » *Quant à la liberté de religion, dit-il, l'adminiſtration de la juſtice, & toutes* » *les prérogatives qui en dépendent, & qui ont été accordées de tems à autres aux* » *Régimens Suiſſes qui ſont au ſervice du Roi, ledit Régiment du louable Canton* » *de Zurich en tout ſera traité comme le ſuſdit Régiment Bernois de Bettens, qui* » *eſt à préſent Jenner.* »

Ainſi, les traités & les capitulations concourent mutuellement à aſſurer aux Troupes Suiſſes le droit d'exercer la juſtice entr'elles.

» ou querelle dans notre régiment, chacun fera vuider
» fa prétention devant *le Tribunal ordinaire de notre Juf-*
» *tice*, & cela fans délai. Chacun obéira auffi à fon Capi-
» taine, *AU JUGE*, au Prévôt, &c. »

Le réglement fait le 11 août 1567, pour le régiment Suiffe du Colonel Louis Phiffer, de Lucerne,
contient des articles auffi précis que le précédent. « Que
» chacun de vous, en général & en particulier, dit l'ar-
» ticle VI, vous défendrez, affifterez & aiderez le régi-
» ment, *la juftice* & tous les officiers qui font en charge,
» que vous avancerez *la juftice* envers & contre tous,
» afin qu'elle foit ponctuellement obfervée, & que per-
» fonne ne foit puni qu'en juftice. » Et les articles VII,
VIII & X traitent des cas où les foldats doivent avoir
recours à la juftice du régiment, foit pour des querelles,
foit pour des procès.

On voit que les régimens Suiffes regardoient non-
feulement comme inconteftable leur droit de jurifdiction
en France, mais qu'ils l'exerçoient dans toute fa pléni-
tude, puifque leurs réglemens font mention de l'exiftence du *Tribunal ordinaire de la Juftice*, de l'exiftence
du *Juge*, & qu'ils parlent enfin des *officiers qui font en
charge*.

Jamais l'exercice de ce droit n'a été interrompu : car,
en 1698, c'eft-à-dire, plus de cent ans après le dernier
réglement que nous venons de rapporter, la Diete des
Cantons affemblés à Baden, en fit un pour les Colonels
& Capitaines Suiffes au fervice de la France, dont l'article V eft ainfi conçu : « les Colonels entretiendront,

» en tems de paix comme en tems de guerre , & paye-
» ront , de l'Etat Major , les Aumôniers & *autres Offi-*
» *ciers qui composent la Justice* , de même que l'Exécu-
» teur....... Ils donneront aussi , tous les 6 mois ,
» avis à leurs Souverains , quels Aumôniers & *Officiers*
» *de Justice* ils ont dans leur Régiment. » Et le 20 février
1709 , le même article a été réitéré dans le réglement
fait par la Diete des Cantons assemblés à Baden.

Il ne reste plus qu'à faire voir que dans toutes les oc-
casions où quelqu'intérêt particulier a cherché à lutter
contre ces priviléges , le Roi s'est empressé de leur donner une nouvelle sanction.

Procédons par ordre & remontons d'abord aux tems
anciens , pour redescendre à l'époque présente , par une
chaîne non-interrompue.

Nous rapporterions, si nous le voulions, une multitude
de décisions favorables au droit qu'ont les troupes Suisses
d'exercer entre elles la *Justice criminelle :* mais comme
c'est de l'exercice de la *Justice civile* qu'il s'agit ici, nons
nous bornerons à rapporter les autorités qui sont relatives
à celle-ci.

En 1669 , un Commissaire au Châtelet ayant apposé   6 mai 1669.
les scellés dans la maison d'un Suisse , & un Officier du
Corps helvétique étant venu , par ordre du grand Juge ,
lever les scellés & faire l'inventaire , le Châtelet décerna ,
contre cet Officier , un décret de prise de corps. Le Roi
écrivit alors au Lieutenant Civil pour lui ordonner d'empêcher l'exécution du décret, & de n'attenter en rien aux
priviléges des Suisses , *voulant ,* dit-il , *que la liberté leur*

ſoit laiſſée toute entiere d'en uſer, à cette occaſion, ainſi qu'ils ont accoutumé.

§ mai 1704. En 1704, un conflt de Juriſdiction s'éleva encore etre le Châtelet de Paris & la juſtice des Suiſſes Militaires, au ſujet de la ſucceſſion du ſieur Chanſon, Capitaine au régiment de Courten, & un Arrêt du Conſeil ordonna que le partage de cette ſucceſſion ſeroit fait par les Officiers de la Nation Suiſſe.

28. février 1707. Mais voici une lettre de Louis XIV, qui confirme d'une maniere encore plus particuliere, la Nation Suiſſe dans le droit d'exercer la juſtice ſur ſes Gens. Elle eſt du 28 février 1707, & adreſſée à M. le Duc du Maine.

« Mon fils, j'ai été informé que les Officiers du Régiment de mes Gardes Suiſſes, ayant fait appoſer les ſcellés ſur les effets du feu ſieur Chevalier de Zurlauben, vivant Capitaine audit Régiment, les Officiers du Châtelet de Paris n'ont pas laiſſé d'y faire depuis appoſer le ſcellé dudit Châtelet ; & comme mon intention n'eſt pas de permettre qu'il ſoit donné aucune atteinte aux priviléges que j'ai confirmés en faveur de la nation Suiſſe, & qui lui ont été accordés par les Rois mes prédéceſſeurs, j'ai donné mes ordres bien précis pour qu'à l'avenir leſdits Officiers du Châtelet, ni d'aucune autre juriſdiction Françoiſe, n'appoſent le ſcellé en un endroit où celui de ladite Nation Suiſſe l'aura été précédemment, &c. &c. »

Signé, Louis.

Pourſuivons ; & nous reconnoîtrons par-tout cette

volonté constante de la part du Roi, de maintenir les priviléges des Suisses, soit lorsqu'il la manifestoit lui-même,
soit lorsqu'il la notifioit par l'organe de ses Ministres.

M. Voisin, Ministre de la Guerre, écrivoit ainsi, en
1711, à M. Dubas, Capitaine au Régiment Suisse de
Villars.

« M. j'ai reçu votre lettre du 21 de ce mois, sur les
» prétentions du sieur Plotot, Major de Cambray, con-
» cernant la vente des effets d'un Officier décédé en
» ladite ville, du Régiment Suisse de Villars ; les corps
» de cette Nation étant en droit de se servir de leur jus-
» tice en pareil cas, l'intention du Roi n'est point que
» les Officiers Majors des places en prennent connois-
» sance. J'écris en conformité audit sieur Plotot, afin
» qu'il se désiste de sa prétention à cet égard. »

Après les Arrêts du Conseil que nous avons rapportés,
& toutes les lettres émanées du Roi & de ses Ministres, il
étoit inutile que de son propre mouvement, & sans y être
déterminé par des réclamations particulieres, ce Monar-
que cherchât encore à assurer les droits du Corps Helvétique en France. Mais il voulut sans doute prévenir, autant qu'il seroit en lui, les contestations qui pouvoient
s'élever ; & en 1714, il fit un réglement général, dans
lequel il y a deux articles relatifs à la Jurisprudence des
Suisses :

« Ordonne Sa Majesté, dit l'article XIV, que la jus-
» tice criminelle continuera d'être administrée par les Of-
» ficiers Suisses seuls, &c. »

» A l'égard des *affaires civiles* qui surviendront entre

17 février 1711.

21 septembre 1714.

» les Suisses de ladite Compagnie, leurs veuves & leurs
» enfans seulement, ledit Juge, dit l'article XVI, après
» en avoir obtenu l'ordre du Capitaine ou du Comman-
» dant en son absence, qui ne pourra le lui refuser, en
» connoîtra pareillement, procédera aux inventaires &
» au partage des biens délaissés par le défunt. »

8 janvier
1725.

Nous pourrions citer une lettre de M. de Breteuil,
Secrétaire d'Etat & de la Guerre, relativement à ce
même droit qu'ont les troupes Suisses d'exercer entr'elles
la *justice civile*. Mais comme elle s'accorde avec tout ce
que nous avons déjà rapporté, il suffit de l'indiquer, sans
fatiguer le Lecteur par des redites fastidieuses (1).

Premier mai
1728.

Passons à un Arrêt du Conseil du premier mai 1728.
Le nommé Joseph Courtenoux, l'un des Cent-Suisses de
la Garde du Corps du Roi, étant venu à mourir, les
différentes personnes qui avoient des droits à réclamer
dans sa succession, s'adressèrent, les unes, au Grand-
Juge Suisse, les autres, au Bailli de Versailles, & les
troisiemes, aux Requêtes du Palais, dont il y eut appel
au Parlement de Paris. Sur le conflit de ces différentes
jurisdictions, le Roi ordonna que, *sans s'arrêter aux sen-*
tences du Bailli de Versailles & des Requêtes du Palais,
ainsi qu'à l'Arrêt du Parlement, la veuve Courtenoux &
ses enfans, tant sur le compte & communauté & partage
d'icelle, que sur toutes les contestations nées & à naître
entr'eux, à l'occasion dudit Joseph Courtenoux, procéde-
roient DEVANT LE JUGE DE LA JURISDICTION SUISSE,

____

(1) Voyez les priviléges des Suisses, par Vogel, page 511.

suivant

suivant les derniers erremens; leur fait défenses de se pourvoir ailleurs, &c.

Voici un autre Arrêt du Conseil, rendu en 1 7 5 9, 7 avril 1759. qui, dans les mêmes circonstances, a ordonné la même chose que le précédent. Il s'agissoit de la succession d'un Militaire Suisse, décédé à Paris, (le sieur de Monnin, Colonel d'un Régiment Suisse de son nom, & Lieutenant Général des Armées de Sa Majesté) ; & il a été ordonné que les parties procéderoient devant le Conseil Supérieur des Suisses exclusivement au Châtelet de Paris, pardevant lequel certains héritiers avoient été assignés par les autres Cet Arrêt a été confirmé depuis, le 3 1 13 juillet 1767. juillet 1 7 6 7, lorsqu'un nouvel héritier, y ayant formé opposition pour être renvoyé devant un Juge François, a été déclaré non-recevable dans sa demande (1).

Nous avons encore un Arrêt du Conseil à citer, & ce sera le dernier. A la mort du sieur Darbonnieres, ancien Colonel du Régiment Suisse de son nom, les scellés ayant

---

(1) Ici la circonstance est très-remarquable : il s'est présenté des héritiers nationaux François & des nationaux Suisses ; les premiers ont formé leur prétention suivant les loix Suisses, & d'être jugés par le juge Suisse en France ; les seconds, au contraire, par intérêt personnel, ont demandé que la succession leur fût adjugée suivant les loix françoises, & par le juge François ; mais les premiers ayant eu droit sur les autres, suivant la Jurisprudence & la Coutume de la Suisse, ont été mis en possession des meubles & immeubles en France par le juge Suisse, suivant les loix Suisses. C'est ce qu'a confirmé ce dernier Arrêt du Conseil du Roi, qui, par la situation des parties & l'admission du système, prévient toutes les circonstances inattendues, & celles de la procédure actuelle.

E

21 octobre
1780.

été appelés chez lui par le sieur Bourgeois, Commissaire
au Châtelet de Paris, & ayant été croisés par ceux du
Grand Juge du Régiment des Gardes Suisses, le Roi,
qui fut informé de ce conflit de jurisdiction, ordonna par
un Arrêt de son Conseil du 21 octobre 1780, que les
scellés, apposés par le sieur Bourgeois, seroient levés
aussitôt la signification de l'Arrêt, & que ceux apposés
par la jurisdiction Suisse subsisteroient; il ordonna aussi
que l'inventaire & autres opérations nécessaires, pour mettre les héritiers ou légataires du sieur Darbonnieres en possession de sa succession, seroient faits par ladite jurisdiction.

Cet Arrêt porte sur toutes les opérations d'une succession. Il est tems de nous arrêter. Les actes que nous avons
rapportés en faveur de la jurisdiction Suisse, sont en si
grand nombre, ils marquent d'une maniere si énergique la
volonté de nos Rois, qu'il ne peut y avoir qu'une témé-
rité bien grande à contester les priviléges du Corps Helvétique en France. Traités solemnels, capitulations,
réglemens, Arrêts du Conseil, lettres du Souverain, tout
concourt à lui assurer la jouissance paisible de ses droits.

On ne peut donc douter que tant d'actes qui s'appli-
quent directement à la cause du Baron de Waldner ne la
décident, & que le Roi, fidele aux traités intervenus entre
les deux peuples, fidele à la volonté des Rois ses prédé-
cesseurs, constant enfin à lui-même, ne souffrira pas qu'on
enleve aux Militaires Suisses le droit précieux, juste
& naturel, d'avoir en France une jurisdiction particuliere.

Leur contester ce privilége, se seroit vouloir se déga-
ger envers eux d'une partie des conventions auxquelles

nous nous sommes soumis, & les inviter à suivre ce funeste exemple. Or, il est de notre intérêt de n'affoiblir en rien le zèle de cette Nation, dont l'alliance nous est si douce & si utile.

Délibéré par nous, Avocats au Parlement, le 25 Juin 1786. LACRETELLE, GODARD.

De l'Imprimerie de QUILLEAU, Imprimeur de S. A. S. Mgr. le Prince de Conti, rue du Fouarre, près la place Maubert.

nous nous sommes fournis, & les inviter à suivre ce bel
exemple. Or, il est de notre intérêt de n'affoiblir
en rien le zèle de cette Nation, dont l'alliance nous est
si courte qu'il nuise.

Délibéré par nous, Avocats au Parlement, le 25 Juin

Signé LACRETELLE, GODARD.